संजीव कपूर

नॉन-स्टिक कुकिंग

अल्योना कपूर के सहयोग से

पॉप्युलर प्रकाशन
www.popularprakashan.com

राजपाल

खाना ख़ज़ाना पब्लिकेशन्स प्रा. लि. के लिए
पॉप्युलर प्रकाशन प्रा. लि. द्वारा प्रकाशित
पॉप्युलर प्रकाशन प्रा. लि.
301, महालक्ष्मी चेम्बर्स,
22, भुलाभाई देसाई रोड, मुंबई - 400 026

प्रथम प्रकाशन 2015

ISBN: 978-93-5064-345-7

अनुवाद : अश्विनी पटवर्धन
रूपरेखा : महेन्द्र घाणेकर, अंजली सावंत
रेखांकन : व्हाइट स्पेस क्रिएशन्स
छायाचित्रण : अलिम बोलार, भरत भिरंगी और मंगेश परब

भारत में मुद्रित
सौरभ प्रिंटर्स प्रा. लि.
67 ए-68, इकोटेक , इक्सेटें-1
कासना, गेजएटर, नोयडा

सह-प्रकाशक
राजपाल एण्ड सन्ज़
कश्मीरी गेट, दिल्ली - 110006
Website: www.rajpalpublishing.com
Email: sales@rajpalpublishing.com

लेखक की कलम से

नॉन-स्टिक कुकवेयर की पाक विधियों का प्रचलन काफी तेज़ी से बढ़ रहा है. यहाँ तक कि पारंपारिक रसोई घरों में भी अब इन पाक विधियों को प्राथमिकता दी जाने लगी है. नॉन-स्टिक बर्तनों के कई फायदे हैं. इसका सबसे बड़ा फायदा यह है कि पकाते समय खाना इसमें चिपकता नहीं है! परंतु सबसे महत्त्वपूर्ण बात यह है कि नॉन-स्टिक बर्तनों में बहुत ही कम मात्रा में तेल या घी में खाना बनाना संभव है. इस प्रकार हम अतिरिक्त वसा और कैलोरी को कम कर पाते हैं. और हाँ एक बात जो हम भूल रहे हैं वो यह कि इसे साफ करना और धोना बहुत ही आसान है!

बाज़ार में विभिन्न आकार व आकृतियों के नॉन-स्टिक बर्तन उपलब्ध हैं. व्यंजन के प्रकार के आधार पर विशिष्ट तरह की बनावट वाले नॉन-स्टिक बर्तन भी सहज रूप से देखने को मिलते हैं. हालाँकि आपको सबसे पहले नॉन-स्टिक पैन, नॉन-स्टिक फ्राइंग पैन, नॉन-स्टिक कड़ाही और नॉन-स्टिक तवे से शुरुआत करनी चाहिए.

यहाँ पर मैंने कुछ चुनिंदा पाकविधियाँ दी हैं जिन्हें आप बिना किसी घबराहट के नॉन-स्टिक कुकवेयर में बड़ी आसानी से बना सकते हैं. स्वादिष्ट और रसीला मालपुआ या आकर्षक वालक्कई चॉप्स बनाएं. स्पाइसी राजमा पराँठा या क्विक स्टर-फ्राइड नूडल्स खिलाकर अपने परिवार का दिल जीत लें. तंदूरी सब्ज़ शाश्लिक या स्वादिष्ट सांजोरी बनाएं और छा जाएं.

नॉन-स्टिक बर्तनों में खाना बनाएं और कैलोरी की चिंता किए बिना पारंपारिक और पौष्टिक व्यंजनों का लुत्फ उठाएं.

हैप्पी कुकिंग!

विषय-सूची

नॉन-स्टिक पैन

नॉन-स्टिक फ्राइंग पैन

नॉन-स्टिक तवा

प्याज़ की तरकारी

सामग्री

8 बड़े प्याज़, फाँकें किए हुए

2 बड़े चम्मच तेल

1 छोटा चम्मच अदरक पेस्ट

1 छोटा चम्मच लहसुन पेस्ट

नमक स्वादानुसार

½ छोटा चम्मच हल्दी

1 छोटा चम्मच लाल मिर्च पाउडर

1 बड़ा चम्मच इमली का पल्प (पृष्ठ क्र. 95)

विधि

- एक नॉन-स्टिक पैन में तेल गरम करें. इसमें प्याज़ डालें और उसे हल्के सुनहरे भूरे होने तक भूनें. फिर अदरक और लहसुन की पेस्ट डालें और पकने की खुशबू आने तक पकाएं.
- नमक, हल्दी और लाल मिर्च पाउडर डालकर दो मिनट तक चलाएं. थोड़ा सा पानी छिड़कें और अच्छी तरह मिला लें.
- आंच कम कर दें. ढक कर धीमी आंच पर चार से पाँच मिनट तक पकने दें. फिर इमली का पल्प डालें और मध्यम आंच पर दो या तीन मिनट तक या तेल छूटने तक पकाएं.
- गरमागरम परोसें.

वेजिटेबल वर्मिसेलि उपमा

सामग्री

1½ कप सेवईं

1 मध्यम आकार का आलू, ½ इंच के चौकोर टुकड़ों में कटा हुआ

1 मध्यम आकार की गाजर, ½ इंच के चौकोर टुकड़ों में कटी हुई

5–6 फूलगोभी के छोटे फूल

5–6 फ्रेंचबीन, ½ इंच के टुकड़ों में कटी हुई

¼ कप छीले हुए मटर

1 मध्यम आकार की हरी शिमला मिर्च

नमक स्वादानुसार

2 बड़े चम्मच तेल

½ छोटा चम्मच सरसों

6–8 कढ़ीपत्ते

2 छोटे चम्मच उड़द दाल

1 इंच अदरक, बारीक कटा हुआ

1 मध्यम आकार का प्याज़, बारीक कटा हुआ

2 हरी मिर्चें, बीच में से चिरी हुई

¼ छोटा चम्मच हल्दी

2 बड़े चम्मच नींबू का रस

विधि

- एक गहरे नॉन-स्टिक पैन में आलू, गाजर और गोभी को दो कप पानी में लगभग पकने तक उबाल लें. फ्रेंच बीन और हरे मटर डालकर और पाँच मिनट तक उबालें. निथारकर ठंडा कर लें.
- एक अन्य गहरे नॉन-स्टिक पैन में पाँच कप पानी उबालें. इसमें सेवईं, नमक और एक बड़ा चम्मच तेल डालें.
- इसे एक मिनट तक या सेवईं के लगभग पक जाने तक पकाएं. निथारें और फिर ठंडे पानी में डालकर निकाल लें. इसे एक तरफ रख दें.
- नॉन-स्टिक पैन में बचा हुआ तेल गरम करें. इसमें सरसों और कढ़ीपत्ते डालें. जब सरसों तड़कने लगे तब इसमें उड़द की दाल, अदरक और प्याज़ डालें. प्याज़ को हल्के भूरे हो जाने तक चलाते रहें.
- हरी मिर्चें डालें और चलाएं. अब इसमें पकायी हुई सब्ज़ियाँ, शिमला मिर्च और हल्दी डालकर चार से पाँच मिनट तक चलाएं.
- पकायी हुई सेवईं और नमक डालें. इसे हल्के हाथों से चलाते हुए मिला लें. पाँच से छह मिनट तक पकाएं.
- आंच पर से उतार लें. नींबू का रस मिलाएं और गरमागरम उपमा खाने को दें.

चीज़ी राइस-स्टफ्ड पेप्पर्स

सामग्री

1 कप कद्दूकस किया हुआ प्रोसेस्ड चीज़

¾ कप चावल, भिगोए हुए

1 बड़ी लाल शिमला मिर्च, लंबाई में आधी की हुई

1 बड़ी पीली शिमला मिर्च, लंबाई में आधी की हुई

1 बड़ी हरी शिमला मिर्च, लंबाई में आधी की हुई

2 बड़े चम्मच जैतून का तेल

नमक स्वादानुसार

1 मध्यम आकार का प्याज़, कटा हुआ

2-3 लहसुन की कलियाँ, कटी हुई

2 इंच लीक का डंठल, कटा हुआ

¼ कप टोमैटो प्यूरी

½ छोटा चम्मच लाल मिर्च पाउडर

½ कप अमेरिकन कॉर्न के दाने

1 हेलोपिनो मिर्च, कटी हुई

विधि

- काटी हुई शिमला मिर्चों के अंदर और बाहर दोनों तरफ एक बड़ा चम्मच तेल और थोड़ा सा नमक रगड़ लें. दस मिनट के लिए इन्हें अलग रख दें.

- नॉन-स्टिक पैन में बचा हुआ तेल गरम करें. इसमें प्याज़ डालें और मध्यम आंच पर दो मिनट तक भूनें. लहसुन और लीक डालकर एक मिनट तक चलाएं.
- टोमैटो प्यूरी, लाल मिर्च पाउडर और नमक डालकर धीमी आंच पर लगभग एक मिनट तक पकाएं.
- चावल और सवा दो कप पानी डालें और एक उबाल लाएं. आंच कम कर दें और ढककर लगभग पक जाने तक पकाएं.
- कॉर्न के दाने और हेलोपिनो मिर्च डालें और तीन से चार मिनट तक या पानी सूख जाने तक पकाएं. अब इसमें आधा कप कद्दूकस किया हुआ चीज़ डालें और कांटे (फोक) चम्मच से हल्के हाथों से उसमें चावल मिला दें.
- अवन को 170^0C/325^0F/गैस मार्क 3 पर पहले से ही गरम करके रखें.
- शिमला मिर्च के प्रत्येक टुकड़े में चावल का मिश्रण भरें और उन पर बचा हुआ चीज़ डालें.
- इन टुकड़ों को चिकनाई लगी बेकिंग ट्रे में रखें और पंद्रह मिनट तक या शिमला मिर्चों के थोड़ा सा नरम हो जाने तक बेक करें. गरमागरम सर्व करें.

शाम सवेरा

सामग्री

कोफ्ते

500 ग्राम पालक

2 हरी मिर्चें, बारीक कटी हुई

6–8 लहसुन की कलियां, बारीक कटी हुई

3 बड़े चम्मच कॉर्नफ्लार

नमक स्वादानुसार

125 ग्राम पनीर, कद्दूकस किया हुआ

3 बड़े चम्मच तेल

टोमैटो ग्रेवी

2 कप टोमैटो प्यूरी

1 इंच अदरक, कटा हुआ

5–6 लहसुन की कलियाँ, कटी हुई

1½ बड़े चम्मच मक्खन

6 लौंग

4 हरी (छोटी) इलायची

1 तेजपत्ता

2 हरी मिर्चें, कटी हुई

1 बड़ा चम्मच लाल मिर्च पाउडर

½ छोटा चम्मच गरम मसाला

नमक स्वादानुसार

3 बड़े चम्मच शक्कर या शहद

½ छोटा चम्मच कसूरी मेथी, चूरी हुई

1 कप ताज़ा क्रीम

विधि

- कोफ्ते बनाने के लिए सबसे पहले पालक के पत्तों को उबलते हुए पानी में दो से तीन मिनट तक ब्लांच करें.
- उसके बाद ठंडे पानी में डालें और फिर निथार लें. पत्तों को निचोड़ कर सारा पानी निकाल दें और फिर उन्हें बारीक काट लें.
- पालक में हरी मिर्चें, लहसुन, कॉर्नफ्लॉर और नमक डालकर अच्छी तरह मिला लें. इस मिश्रण के बारह बराबर भाग कर लें.
- पनीर में नमक डालें और अच्छी तरह मिला लें. इसके बारह बराबर गोले बना लें.
- पालक के मिश्रण का एक भाग लेकर उसे हथेली पर रखकर थोड़ा चपटा कर लें और फिर उसमें पनीर के मिश्रण का एक गोला रखें.
- किनारों को मिलाते हुए इसका फिर से एक गोला (कोफ्ता) बना लें.
- एक नॉन-स्टिक कड़ाही में तेल गरम करें और उसमें एक बार में छह कोफ्ते डालकर मध्यम आंच पर दो से तीन मिनट तक तलें.
- कोफ्ते सब तरफ से अच्छी तरह तले जाने चाहिए. निकालकर अलग रख दें.
- टोमैटो ग्रेवी बनाने के लिए अदरक और लहसुन को पीसकर उसकी चिकनी पेस्ट बना लें. नॉन-स्टिक पैन में मक्खन गरम करें. इसमें लौंग, इलायची और तेजपत्ता डालें.
- जब ये तड़कने लगे तब इसमें अदरक-लहसुन पेस्ट और हरी मिर्चें डालकर दो मिनट तक पकाएं.
- अब इसमें टोमैटो प्यूरी, लाल मिर्च पाउडर, गरम मसाला, नमक और एक कप पानी डालें. इसमें एक उबाल लाएं. आंच कम करें और दस मिनट तक उबलने दें.

- शक्कर या शहद और कसूरी मेथी डालें. ताज़ा क्रीम डालें और मिला दें.
- कोफ्तों को बीच में से आधा काटें और फिर उन्हें ग्रेवी पर रख दें. इस तरह डिश सर्व करें.

शेफ़ का सुझाव

"सारे कोफ्तों को तलने से पहले एक कोफ्ता तेल में डालकर देखें कि वो टूट तो नहीं रहा है. यदि वो टूट रहा हो या बिखर रहा हो तो पालक के मिश्रण में थोड़ा और कॉर्नफ्लॉर मिलाएं."

हरा मसाला पुलाव

सामग्री

1½ कप बासमती चावल, भिगोकर निथारे हुए

1½ बड़े चम्मच तेल

1 इंच दालचीनी

4 लौंग

3 हरी (छोटी) इलायची

1 मध्यम आकार का प्याज़, पतली फाँकें किया हुआ

नमक स्वादानुसार

3 कप वेजिटेबल स्टॉक (पृष्ठ क्र. 95)

मसाला पेस्ट

1½ कप कटा हुआ ताज़ा हरा धनिया

8 लहसुन की कलियाँ, कटी हुई

2 इंच अदरक, कटा हुआ

2 हरी मिर्चें, कटी हुई

विधि

- मसाला पेस्ट की सारी सामग्री को एक साथ पीस लें और अलग रख दें.
- एक गहरे नॉन-स्टिक पैन में तेल गरम करें. इसमें दालचीनी, लौंग और इलायची डालें.

- जब उनका रंग बदलने लगे तब उसमें प्याज़ डालें और हल्का भूरा होने तक भूनें.
- चावल डालें और उसे पाँच मिनट तक भूनें. मसाला पेस्ट और नमक डालें और तीन से चार मिनट तक चलाएं.
- वेजिटेबल स्टॉक डालें और एक उबाल आने दें. ढककर धीमी आंच पर चावल के पूरी तरह पक जाने तक पकाएं.
- गरमागरम हरा मसाला पुलाव परोसें.

चेनार पुलाव

सामग्री

400 ग्राम पनीर, 1 इंच के चौकोर टुकड़ों में कटा हुआ

1½ कप बासमती चावल

1½ बड़े चम्मच घी

2 छोटे चम्मच शक्कर

1 बड़ा प्याज़, बारीक फाँकें किया हुआ

1 तेजपत्ता

1 इंच दालचीनी

2 लौंग

2 हरी (छोटी) इलायची

नमक स्वादानुसार

विधि

- चावल धोएं और निथारकर उन्हें फैलाकर सुखा लें. जब वे पूरी तरह सूख जाएं तब उनमें आधा बड़ा चम्मच घी और शक्कर डालकर अच्छी तरह मिला लें.
- एक नॉन-स्टिक पैन में आधा बड़ा चम्मच घी गरम करें. इसमें पनीर के टुकड़े डालें और मध्यम आंच पर भून लें. घी में से निकालकर अलग रख दें.
- इसी पैन में बचा हुआ घी गरम करें. प्याज़ डालें और मध्यम आंच पर प्याज़ को कुरकुरा और भूरा होने तक भून लें. घी में से निकालकर अलग रख दें.
- पैन में बचे हुए घी में तेजपत्ता, दालचीनी, लौंग और इलायची डालें और खुशबू उठने तक भूनें. चावल और नमक डालकर दो या तीन मिनट तक भूनें.
- तीन कप गरम पानी डालें और एक उबाल लाएं. आंच कम कर दें और ढककर चावल के गलकर नरम हो जाने तक और सारा पानी सूख जाने तक पकाएं.
- पनीर के टुकड़े डालें और हल्के हाथों से मिला लें. तला हुआ प्याज़ डालें.
- गरमागरम परोसें.

चेनार पुलाव

फेटुचिनी इन क्रीमी पेस्तो सॉस

सामग्री

200 ग्राम फेटुचिनी (पास्ता रिबन्स)

1 छोटा चम्मच नमक

1 बड़ा चम्मच तेल

पेस्तो सॉस

¾ कप (30–40) तुलसी की ताज़ी पत्तियाँ

3–4 लहसुन की कलियाँ

नमक स्वादानुसार

3 बड़े चम्मच चिलगोज़े

3 बड़े चम्मच जैतून का तेल

4–5 काली मिर्चें

¼ कप पार्मेसन चीज़ + सजाने के लिए

सर्व करने के लिए

1 बड़ा चम्मच जैतून का तेल

नमक स्वादानुसार

5–6 काली मिर्चें, चूरी हुई

½ कप दूध

पार्मेसन चीज़, आवश्यकतानुसार

3–4 तुलसी की ताज़ी पत्तियाँ, मोटी तोड़ी हुई

नोतुन गुरेर पायेश

विधि

- पेस्तो सॉस बनाने के लिए तुलसी की पत्तियों, लहसुन और नमक को मिक्सर में कुछ सेकंड पीस लें.
- फिर इसमें एक-एक करके चिलगोज़े, जैतून का तेल, काली मिर्चें और पार्मेसन चीज़ डालें. हर बार सामग्री डालने के बाद मिक्सर चलाकर सामग्री को पीस लें. सारी सामग्रियाँ अच्छी तरह से मिक्स हो जाने तक इसे पीसें.
- एक गहरे नॉन-स्टिक पैन में नमक वाले भरपूर पानी में फेटुचिनी को उबाल लें. इसमें एक बड़ा चम्मच तेल डालें और पास्ता रिबन्स को ऑल डेन्टे (पकाएं पर दांत से काटने पर वह थोड़ी सख्त लगे) होने तक पकाएं. निथारें और फिर ठंडे पानी में डालकर निकाल लें. इसे अलग रख दें.
- एक अलग नॉन-स्टिक पैन में जैतून का तेल गरम करें. इसमें पेस्तो सॉस डालें और चार से पाँच मिनट तक चलाएं. पास्ता डालें और उछालते हुए अच्छी तरह मिला लें ताकि पास्ते पर सॉस अच्छी तरह लग जाए.
- नमक और चूरी हुई काली मिर्च डालें. दूध और पार्मेसन चीज़ डालें और अच्छी तरह से मिला लें. तोड़ी हुई तुलसी डालें और एक बार फिर से उछालते हुए अच्छी तरह मिला लें.
- तुरंत सर्व करें.

शेफ़ का सुझाव

"यदि चिलगोज़े उपलब्ध न हो तो आप उनकी जगह इसमें अखरोट भी डाल सकते हैं."

स्पेगेटी विद मिक्स्ड वेजिटेबल्स एण्ड हर्ब सॉस

सामग्री

250 ग्राम गेहूँ से बनी स्पेगेटी

1 मध्यम आकार की गाजर, 1 इंच की गोल फाँकों में कटी हुई

1 छोटी ब्रोकोली, छोटे फूल अलग किए हुए

8–10 ताज़े बटन मशरूम, दो टुकड़े किए हुए

1 मध्यम आकार की हरी शिमला मिर्च, 1 इंच के टुकड़ों में कटी हुई

½ छोटा चम्मच मिक्स्ड हर्ब्स, भुने हुए

3 बड़े चम्मच गेहूँ का आटा

1½ कप दूध

नमक स्वादानुसार

¼ छोटा चम्मच सफेद मिर्च पाउडर

1 बड़ा चम्मच पार्सलि, कटी हुई

विधि

- पाँच कप उबलते पानी में स्पेगेटी को ऑल डेन्टे (पकी हुई पर दाँत से काटने पर थोड़ी सख्त लगे) होने तक पका लें. निथारें और फिर ठंडे पानी में डालकर निकाल लें. इसे एक तरफ रख दें.
- गाजर और ब्रोकोली को एक-एक कप उबलते पानी में दो से तीन मिनट तक अलग-अलग

ब्लांच कर लें. निथारें और फिर ठंडे पानी में डालकर निकाल लें.

- हर्ब सॉस बनाने के लिए गेहूँ के आटे को एक नॉन-स्टिक पैन में हल्का सा भून लें. दूध डालें और तेज़ी से मिलाएं ताकि गुठलियाँ न बने.
- यदि आवश्यक हो तो सॉस को छान लें. उसमें नमक, सफेद मिर्च पाउडर और मिक्स्ड हर्ब्स डालें.
- एक नॉन-स्टिक पैन में गाजर, ब्रोकोली, मशरूम, शिमला मिर्च और स्पेगेटी लेकर इन्हें उछालते हुए मध्यम आंच पर दो मिनट तक पकाएं.
- हर्ब सॉस डालें और अच्छी तरह मिलाएं. चखकर मसाले स्वादानुसार कर लें.
- कटी हुई पार्सलि से सजाकर डिश सर्व करें.

नोतुन गुरेर पायेश

सामग्री

1 कप कद्दूकस किया हुआ ताड़ (खजूर) का गुड़

3 लीटर दूध

2 बड़े चम्मच बासमती चावल, भिगोकर निथारे हुए

1 तेजपत्ता

5-6 हरी (छोटी) इलायची

10 बादाम, ब्लांच करके फाँकें की हुई

विधि

- एक थोड़े गहरे नॉन-स्टिक पैन में दूध उबालें. आंच कम करें और दूध के गाढ़ा होने तक उबलने दें. निथारे हुए चावल डालें और चलाएं.
- तेजपत्ता और इलायची डालकर धीमी आंच पर चावल के पूरी तरह पकने तक उबलने दें.
- तेजपत्ता निकाल लें. गुड़ और बादाम डालकर धीमी आंच पर लगभग पाँच मिनट तक और उबालें. ठंडा करके सर्व करें.

चित्र पृष्ठ क्र. 20 पर देखे

बेसन बरफ़ी

सामग्री

4 कप बेसन

2 कप पिसी शक्कर

2 कप देसी घी + चिकनाई के लिए

½ छोटा चम्मच हरी (छोटी) इलायची पाउडर

10–12 बादाम, लंबे-पतले टुकड़े किए हुए

10–12 पिस्ते, लंबे-पतले टुकड़े किए हुए

विधि

- नॉन-स्टिक पैन में घी गरम करें. इसमें बेसन डालें और धीमी आंच पर लगातार चलाते हुए लगभग दस से पंद्रह मिनट तक या बेसन का रंग बदलने लगे और बेसन में से अच्छी खुशबू आने लगे तब तक भूनें.
- इलायची पाउडर, बादाम और पिस्ते के टुकड़े डालें और अच्छी तरह मिलाएं. आंच पर

से उतार लें और फिर इसमें पिसी हुई शक्कर डालकर अच्छी तरह से मिला लें.

- ट्रे में थोड़ा सा घी लगाएं. इसमें बेसन का मिश्रण उंडेलें और फैलाकर एक समान कर लें. इसे ठंडा होने दें.
- इसे अपने पसंद के आकार चौकोर या शकरपारे के आकार में काट लें. इसे हवाबंद डिब्बे में भरकर रखें.

गुड़ का हलवा

सामग्री

1½ कप कद्दूकस किया हुआ गुड़

1 कप गेहूँ का आटा

2 बड़े चम्मच देसी घी

½ छोटा चम्मच हरी (छोटी) इलायची पाउडर

5-6 बादाम, ब्लांच करके
लंबे-पतले टुकड़े किए हुए

विधि

- डेढ़ कप पानी में गुड़ घोल लें. नॉन-स्टिक पैन में घी गरम करें. आटा डालें और धीमी आंच पर उसे थोड़ा लाल भूरा होने तक भूनें.
- गुड़ का घोल डालें और अच्छी तरह मिलाएं. लगातार चलाते हुए पकाएं. जब मिश्रण पैन की साइड छोड़ने लगे तब पकाना बंद कर दें. इलायची पाउडर डालें. बादाम की कतरनों से सजाकर गरमागरम हलवा खाने को दें.

वालक्कई चॉप्स

सामग्री

4 (350 ग्राम) कच्चे केले

नमक स्वादानुसार

½ छोटा चम्मच हल्दी

20 कढ़ीपत्ते, कटे हुए

1 छोटा चम्मच लाल मिर्च पाउडर

1 छोटा चम्मच धनिया पाउडर

2 बड़े चम्मच चावल का आटा

2 छोटे चम्मच इमली का पल्प (पृष्ठ क्र. 95)

1 बड़ा चम्मच तेल + शैलो-फ्राय करने के लिए

विधि

- केलों को छीलें और उसकी लंबाई में तीन चार फाँकें कर लें. यदि फाँकें बहुत लंबी हों तो उनके दो टुकड़े कर लें.
- पानी में नमक और हल्दी डालें. इस पानी में केलों की फाँकों को पाँच मिनट तक उबालें. निथारें और फिर ठंडी होने के लिए एक तरफ रख दें.
- कढ़ीपत्ते, लाल मिर्च पाउडर, धनिया पाउडर, चावल के आटे, इमली के पल्प और एक बड़े चम्मच तेल को अच्छी तरह मिला लें.
- इस पेस्ट को केलों की फाँकों पर अच्छी तरह फैलाकर लगा दें. पंद्रह मिनट तक इसे अलग रख दें.

- एक नॉन-स्टिक फ्राइंग पैन में एक बड़ा चम्मच तेल गरम करें. एक बार में थोड़ी थोड़ी फाँकें पैन में डालें और उन्हें दोनों ओर से कुरकुरी और सुनहरी होने तक शैलो फ्राय कर लें.
- आवश्यकतानुसार थोड़ा और तेल डालें और बाकी बची फाँकों को भी इसी तरह शैलो फ्राय कर लें.
- निथारकर तेल सोखने वाले कागज़ पर रखें.
- गरमागरम सर्व करें.

शेफ़ का सुझाव

आप केलों की जगह आलू या जिमी कंद की फाँकों से भी इसे बना सकते हैं.

पैन-फ्राइड मशरूम्स

सामग्री

20-24 ताज़े बटन मशरूम्स, चार टुकड़े किए हुए

½ कप पोर्सिनी मशरूम (ऐच्छिक)

½ कप ऑयस्टर मशरूम्स (ऐच्छिक)

1 छोटी लाल शिमला मिर्च, ½ इंच के टुकड़ों में कटी हुई

1 छोटी पीली शिमला मिर्च, ½ इंच के टुकड़ों में कटी हुई

1 छोटा चम्मच जैतून का तेल

2 मध्यम आकार के प्याज़, ½ इंच के चौकोर टुकड़ों में कटे हुए

3 लहसुन की कलियाँ, कुचली हुई

1 बड़ा चम्मच सोया सॉस

1 बड़ा चम्मच रेड चिली सॉस

½ बड़ा चम्मच विनेगर

½ छोटा चम्मच सूखी थाइम

नमक स्वादानुसार

8-10 काली मिर्चें, चूरी हुई

7-8 तुलसी की ताज़ी पत्तियाँ, हाथों से तोड़ी हुई

विधि

- यदि आप पोर्सिनी और ऑयस्टर मशरूम इस्तेमाल कर रहे हों तो पहले उन्हें बीस मिनट तक कुनकुने पानी में भिगोकर रखें. निथारकर अच्छी तरह से धोकर अलग रख दें.
- एक बड़े नॉन-स्टिक फ्राइंग पैन में तेल गरम करें. इसमें प्याज़ डालें और मध्यम आंच पर हल्का पारदर्शी होने तक इन्हें भूनें. लहसुन डालें और एक मिनट तक भूनें.
- मशरूम, लाल और पीली शिमला मिर्च डालें और तेज आंच पर तीन मिनट तक भूनें.
- अब इसमें सोया सॉस, चिली सॉस और विनेगर डालकर और दो-तीन मिनट तक चलाएं. थाइम, नमक और चूरी हुई काली मिर्चें डालें.
- आंच पर से उतार लें. तुलसी की पत्तियाँ डालकर अच्छी तरह मिलाएं और तुरंत सर्व करें.

कॉर्न पैन पिज़्ज़ा

सामग्री

4 इंच की गेहूँ के आटे की पिज़्ज़ा ब्रेड

2 बड़े चम्मच जेतून का तेल

6-8 काली मिर्चें, चूरी हुई

1 छोटा चम्मच ऑरेगेनो

टोमैटो सॉस

2 मध्यम आकार के टमाटर, प्यूरी किए हुए

4 बड़े चम्मच टोमैटो केचप

1 बड़ा चम्मच जैतून का तेल

2 लहसुन की कलियाँ, कटी हुई

1 छोटा प्याज़, कटा हुआ

नमक स्वादानुसार

½ छोटा चम्मच शक्कर

टॉपिंग

1½ कप ब्लांच किए हुए अमेरिकन कॉर्न के दाने

4-5 काली मिर्चें, चूरी हुई

2 कप कद्दूकस किया हुआ मोज़रेला चीज़

विधि

- टोमैटो सॉस बनाने के लिए नॉन-स्टिक पैन में तेल गरम करें. इसमें लहसुन डालें और आधे मिनट तक भूनें. प्याज़ डालें और उसे पारदर्शी होने तक भूनें.
- टोमैटो प्यूरी डालें और गाढ़ी होने तक चलाएं. टोमैटो केचप डालकर और पाँच से आठ मिनट तक पकाएं.
- नमक, शक्कर, चूरी हुई काली मिर्च और ऑरेगेनो डालकर अच्छी तरह मिलाएं. ठंडा होने के लिए इसे एक तरफ रख दें.
- एक नॉन-स्टिक फ्राइंग पैन में आधा बड़ा चम्मच जैतून का तेल गरम करें. इसमें पिज़्ज़ा ब्रेड रखें.
- पिज़्ज़ा पर एक चौथाई टोमैटो सॉस डालें और अच्छी तरह फैला दें. सॉस पर एक चौथाई कॉर्न डालें. इस पर चूरी हुई काली मिर्च छिड़क दें.
- सबसे उपर एक चौथाई कद्दूकस किया हुआ चीज़ फैलाएं. पैन पर ढक्कन लगा दें और धीमी आंच पर पिज़्ज़ा को दस मिनट तक पकाएं या पिज़्ज़ा की निचली सतह समान रूप से भूरी हो जाने और चीज़ पिघल जाने तक पकाएं.
- इसके तिकाने टुकड़े कर लें और गरमागरम सर्व करें.

शेफ़ का सुझाव

"आप छोटे बच्चों को आधा पिज़्ज़ा खाने को दें या फिर उनके लिए आप खास बेबी पिज़्ज़ा ब्रेड का पिज़्ज़ा बनाएं."

दही के कबाब

सामग्री

250 ग्राम पानी निकाला हुआ दही

1½ बड़े चम्मच भुनी हुई चने की दाल, पाउडर की हुई

नमक स्वादानुसार

2 छोटे चम्मच लाल मिर्च पाउडर

1 छोटा चम्मच हरी (छोटी) इलायची का पाउडर

½ छोटा चम्मच दालचीनी पाउडर

½ छोटा चम्मच काली मिर्च पाउडर

4 बड़े चम्मच देसी घी

1 मध्यम आकार का प्याज़, पतली फाँकें किया हुआ

2–3 लहसुन की कलियाँ, पीसी हुई

¼ छोटा चम्मच लौंग पाउडर

विधि

- दही को एक बाउल में निकाल लें. इसमें चने की दाल का पाउडर, नमक, एक छोटा चम्मच लाल मिर्च पाउडर, आधा छोटा चम्मच इलायची पाउडर, पाव छोटा चम्मच दालचीनी पाउडर और पाव छोटा चम्मच काली मिर्च पाउडर डालें और अच्छी तरह मिला लें.
- इसके बीस बराबर भाग कर लें. हथेलियों को थोड़ा गीला करें और एक-एक भाग लेकर

उसे हथेली पर रखकर चपटा करें और कबाब का आकार दे दें. कबाब को चिकना कर लें.

- नॉन-स्टिक फ्राइंग पैन में एक छोटा चम्मच घी गरम कर लें. एक बार में पाँच कबाब पैन में डालें और हल्के सुनहरे भूरे होने तक शैलो फ्राय करें.
- कबाब को पलट दें और एक छोटा चम्मच घी डालकर दूसरी तरफ से भी सुनहरे भूरे होने तक शैलो फ्राय करें. निकालें और एक तरफ रख दें.
- इसी पैन में तीन छोटे चम्मच घी गरम करें और उसमें प्याज़ डालें. प्याज़ को सुनहरा भूरा होने तक तलें.
- निथारकर तेल सोखने वाले कागज़ पर रखें और फिर मिक्सर में इसकी पेस्ट बना लें.
- इसी पैन में बचा हुआ घी गरम करें. इसमें लहसुन और बची हुई लाल मिर्च पाउडर, पीसे हुए प्याज़, लौंग पाउडर, बची हुई इलायची पाउडर, दालचीनी पाउडर, काली मिर्च पाउडर और नमक डालकर घी छूटने तक भूनें.
- इसमें कबाब डालें और हल्के हाथों से इसे मसाले में मिला लें. तुरन्त सर्व करें.

पैनकेक ट्रेंगल्स

सामग्री

½ कप मैदा

⅓ कप गेहूँ का आटा

1 छोटा चम्मच बेकिंग पाउडर

नमक स्वादानुसार

1½ कप दूध

4 छोटे चम्मच तेल

भरावन

1 छोटा चम्मच तेल

2 हरे प्याज़, कटे हुए

2 हरी शिमला मिर्च, कटी हुई

¾ कप स्वीटकॉर्न के दाने, पकाए हुए

नमक स्वादानुसार

1 बड़ा चम्मच टोमैटो केचप

विधि

- पैनकेक बनाने के लिए मैदा, आटा, बेकिंग पाउडर और नमक को एक गहरे बाउल में छान लें. इसमें दूध डालें और लगातार हिलाते रहें ताकि घोल में डले न बनें. घोल को दस मिनट तक एक तरफ रख दें.
- भरावन बनाने के लिए एक नॉन-स्टिक पैन में तेल गरम करें. इसमें हरे प्याज़ डालें और एक मिनट तक चलाएं.

- फिर इसमें शिमला मिर्च, कॉर्न के दाने और नमक डालकर और एक मिनट तक चलाएं. आंच पर से उतारकर इसमें टोमैटो केचप मिला दें. तैयार भरावन को एक तरफ रख दें.
- पैनकेक बनाने के लिए छह इच के एक नॉन-स्टिक फ्राइंग पैन में एक छोटा चम्मच तेल गरम करें.
- पैन में एक छोटा कड़छुल आटे का घोल डालें और पैन को गोल घुमाएं ताकि घोल पैन में समान रूप से फैल जाए.
- निचली सतह हल्की भूरी होने तक पकाएं. इसे केवल एक ही तरफ से पकाएं और फिर पैन में से निकाल लें.
- किसी चपटी सतह पर पैनकेक की पकी हुई सतह नीचे की ओर रखें और बीच में से काटकर इसके दो टुकड़े कर लें.
- प्रत्येक टुकड़े पर एक चम्मच भरावन रखें और फिर इसे इस प्रकार मोड़ें कि त्रिकोण आकार बन जाए. त्रिकोण के किनारों को अच्छी तरह दबाकर बंद कर दें.
- तुरंत परोसें.

वेजिटेबल शामी कबाब

सामग्री

200 ग्राम जिमीकंद, 1 इंच के टुकड़ों में कटा हुआ

2 मध्यम आकार के आलू, 1 इंच के टुकड़ों में कटे हुए

1 बड़ी गाजर, कद्दूकस की हुई

10-12 फ्रेंच बीन, बारीक कटी हुई

¼ कप छीले हुए मटर के दाने, दरदरे पीसे हुए

4 बड़े चम्मच चने की दाल, भिगोयी हुई

1 छोटा चम्मच जीरा

1 इंच अदरक, बारीक कटा हुआ

2-3 हरी मिर्चें, बारीक कटी हुई

नमक स्वादानुसार

2 बड़े चम्मच कटा हुआ ताज़ा हरा धनिया

¼ छोटा चम्मच हल्दी

½ छोटा चम्मच गरम मसाला

½ छोटा चम्मच लाल मिर्च पाउडर

5 छोटे चम्मच नींबू का रस

विधि

- चने की दाल निथारें और उसे नॉन-स्टिक पैन में डाल दें. जिमीकंद, आलू और डेढ़ कप पानी डालें.
- ढककर दाल के गलकर नरम होने और पूरी तरह से सूख जाने तक पकाएं.

- एक नॉन-स्टिक पैन गरम करें. जीरा डालकर उसे हल्का सा भून लें. गाजर, फ्रेंच बीन, मटर के दाने, अदरक, हरी मिर्चें और नमक डालकर मध्यम आंच पर इसे दो मिनट तक चलाएं. फिर इसे प्लेट में निकालकर ठंडा होने के लिए अलग रख दें.
- चने की दाल के मिश्रण और भूनी हुई सब्ज़ियों को एक साथ पीसकर चिकना मिश्रण तैयार कर लें.
- इस मिश्रण में कटा हुआ हरा धनिया, हल्दी, गरम मसाला, लाल मिर्च पाउडर और नींबू का रस डालकर अच्छी तरह मिला लें. चखकर मसाले स्वादानुसार कर लें.
- मिश्रण के सोलह समान भाग कर लें और इनके गोले बना लें. हथेलियों के बीच में रखकर इन्हें हल्के से दबाकर कबाब का आकार दे दें. इसे एक घंटे तक फ्रिज में रखें.
- एक नॉन-स्टिक फ्राइंग पैन गरम करें और इसमें कबाब को दोनों तरफ से सुनहरा भूरा होने तक सेंकें.
- हरे धनिये और पुदीने की चटनी (पृष्ठ क्र. 95) के साथ गरमागरम परोसें.

रोस्टी

सामग्री

4 बड़े आलू, उबालकर कद्दूकस किए हुए

नमक स्वादानुसार

1 बड़ा चम्मच मक्खन

1 छोटा प्याज़, बारीक कटा हुआ

विधि

- कद्दूकस किए हुए आलुओं में नमक डालें. इसे हल्के हाथों से मिला लें. ध्यान रखें कि आलुओं को पूरी तरह मसलना नहीं है.
- एक नॉन-स्टिक पैन में मध्यम आंच पर मक्खन पिघलाएं. इसमें प्याज़ डालें.
- एक मिनट तक चलाएं और फिर इसमें कद्दूकस किए हुए आलू डालें. नमी उड़ जाने तक इसे चलाते रहें.
- चपटे चम्मच या स्पैचुला की मदद से आलू के मिश्रण को पैन में नीचे की ओर दबाएं.
- ढककर दस मिनट तक मध्यम आंच पर नीचे की तरफ से सुनहरा भूरा होने तक पकाएं.
- इसे सावधानीपूर्वक पलटें और दूसरी तरफ से भी सुनहरा भूरा होने तक पकाएं. गरमागरम परोसें.

अतिरसम

सामग्री

¾ कप चावल

½ कप चावल का आटा

1 छोटा चम्मच हरी इलायची का पाउडर

¾ कप कद्दूकस किया हुआ गुड़

4 बड़े चम्मच तेल

विधि

- चावल को दो घंटे तक दो कप पानी में भिगोकर रखें.
- अच्छी तरह निथारकर इन्हें एक पतले कपड़े पर फैला दें. हवादार जगह पर इसे बीस मिनट तक ऐसे ही रहने दें.
- सूखे हुए चावलों को पीसकर चिकना पाउडर बना लें. इसमें चावल का आटा और इलायची पाउडर डालें और अच्छी तरह मिलाकर एक तरफ रख दें.
- आधे कप पानी में गुड़ को गाढ़ा होने तक उबालें. ठंडे पानी से भरे कप में गुड़ की चाशनी की कुछ बूंदें डालकर उसके गाढ़ेपन की जाँच कर लें. यह नरम और चिपचिपी होनी चाहिए पर पानी में घुलनी नहीं चाहिए. चाशनी को आंच पर से उतार लें और ठंडी होने के लिए एक तरफ रख दें.
- चावल के आटे के मिश्रण में गुड़ की चाशनी थोड़ी-थोड़ी करके मिलाते जाएं और गूँधकर नरम व लचीला आटा तैयार कर लें.

- साने हुए आटे के बारह बराबर गोले बना लें. केले के पत्ते पर थोड़ी सी चिकनाई लगाएं और उस पर ये गोले रखकर उन्हें हल्के से दबाते हुए मोटी गोल पूरी बना लें.
- एक शैलो नॉन-स्टिक फ्राइंग पैन में एक बड़ा चम्मच तेल गरम करें. छह चपटी छोटी पूरियों को इस पर रखें.
- नीचे की सतह गहरी सुनहरी भूरी होने तक शैलो फ्राय करें. पूरियों को पलट दें और उनके चारों और एक बड़ा चम्मच तेल छोड़ें.
- पूरियों को दोनों ओर से गहरा सुनहरा भूरा और कुरकुरा होने तक शैलो फ्राय करें. निकालकर तेल सोखने वाले कागज़ पर रखें.
- गरमागरम परोसें.

शेफ़ का सुझाव

"इसका आकार छोटा या बड़ा हो सकता है. पहले एक पूरी तलकर देखें. यदि यह तलते समय टूट रही हो तो आटे में थोड़ा और चावल का आटा मिलाएं और फिर से गूँध लें. बेहतर स्वाद के लिए आप आटे को एक दिन पहले ही गूँध कर रखें. यदि साना हुआ आटा बहुत सख्त लग रहा हो तो उसमें थोड़ा सा दूध मिलाएं और फिर से अच्छी तरह गूँध लें."

मालपुआ

सामग्री

1 लीटर दूध

300 ग्राम शक्कर

1 ग्राम केसर

30 ग्राम मैदा

½ कप घी, तलने के लिए

विधि

- एक नॉन-स्टिक पैन में दूध को लगातार चलाते हुए तब तक उबालें जब तक कि वह गाढ़ा होकर कड़छुल की पिछली सतह को चिपकने न लगे.
- आंच पर से उतार लें और ठंडा होने के लिए अलग रख दें.
- तीस ग्राम शक्कर अलग रख दें और बाकी की शक्कर की एक तार की चाशनी बना लें.
- केसर को एक छोटे चम्मच गरम दूध में भिगोएं और फिर उसे शक्कर की चाशनी में डाल दें.
- औटाकर ठंडे किए हुए दूध में मैदा और बचाकर रखी हुई शक्कर डालें और अच्छी तरह मिला लें.
- घोल इतना गाढ़ा होना चाहिए कि वह आसानी से उंडेला जा सके. यदि आवश्यक हो तो थोड़ा और दूध मिलाएं.

- इसे तीन घंटे के लिए अलग रख दें. एक नॉन-स्टिक फ्राइंग पैन में घी गरम करें.
- गरम घी में थोड़ा सा घोल डालें ताकि छोटा सा पैनकेक बन जाए.
- पैनकेक के ऊपर गरम घी डालें और फिर उसे पलट दें.
- जब वह दोनों ओर से पक जाए तब उसे घी में से निकालें और केसर वाली चाशनी में डाल दें.
- इसे हल्का गरम परोसें.

चित्र पृष्ठ क्र. 47 पर देखे

इन्स्टंट उत्तपम

सामग्री

1 कप बारीक रवा

1 कप दही

नमक स्वादानुसार

¼ छोटा चम्मच सोडा बाईकार्बोनेट

1 मध्यम आकार का प्याज़, कटा हुआ

1 मध्यम आकार की हरी शिमला मिर्च, बीज निकालकर काटी हुई

लाल मिर्च पाउडर, स्वादानुसार

जीरा, दरदरा पीसा हुआ, स्वादानुसार

विधि

- एक बड़े बाउल में रवा लें. उसमें दही और नमक डालें. अच्छी तरह मिलाएं और फिर पंद्रह मिनट के लिए एक तरफ रख दें. फिर इसमें आधा कप पानी और सोडा बाईकार्बोनेट डालकर एक बार फिर से अच्छी तरह मिला लें.
- एक नॉन-स्टिक तवा गरम करें और उस पर एक कड़छुल तैयार घोल डालें. घोल को फैलाए नहीं. उत्तपम पर प्याज़, शिमला मिर्च, लाल मिर्च पाउडर और जीरे का दरदरी पाउडर डालें और मध्यम आँच पर पकने दें.
- जब निचली सतह अच्छी तरह से पक जाए तब उत्तपम को पलट दें और दूसरी तरफ से भी अच्छी तरह पकने दें. गरमागरम सर्व करें.

मालपुआ

तवा पनीर चाट

सामग्री

500 ग्राम पनीर, ½ इंच के टुकड़ों में कटा हुआ

कुरकुरी और फूली हुई पूरियाँ (पानी पूरी की)

1½ बड़े चम्मच तेल

2 बड़े प्याज़, कटे हुए

1 छोटा चम्मच अदरक पेस्ट

1 छोटा चम्मच लहसुन पेस्ट

3-4 हरी मिर्चें, बीज निकालकर काटी हुई

¾ कप टोमैटो प्यूरी

3-4 बड़े चम्मच पावभाजी मसाला

नमक स्वादानुसार

½ बड़ा चम्मच चाट मसाला

2-3 बड़े चम्मच कटा हुआ ताज़ा हरा धनिया

विधि

- एक नॉन-स्टिक तवे पर तेल गरम करें. प्याज़ डालें और भूरे होने तक उन्हें भूनें. अदरक और लहसुन पेस्ट डालकर थोड़ी देर और भूनें.
- थोड़ा पानी डालें और एक मिनट और भूनते रहें. हरी मिर्चें डालकर और एक-दो मिनट तक भूनें.
- टोमैटो प्यूरी, पावभाजी मसाला, नमक और चाट मसाला डालकर धीमी आंच पर मसाले में से तेल छूटने तक चलाते रहें.

- पनीर के टुकड़े और कटा हुआ आधा हरा धनिया डालकर हल्के हाथों से इन्हें मसाले में मिला लें. चखकर मसाले स्वादानुसार कर लें. धीमी आंच पर लगभग दो मिनट तक इसे पकने दें.
- प्रत्येक पूरी में छोटा सा छेद करें. इस छेद में थोड़ा सा पनीर का मिश्रण भर दें.
- बचे हुए हरे धनिये से सजाकर चाट तुरंत सर्व करें.

मैसूर मसाला डोसा

सामग्री

3 कप डोसे का घोल

1½ कप मसाला आलू भाजी (पृष्ठ क्र. 52)

2 मध्यम आकार के प्याज़, कटे हुए

1 बड़ी हरी शिमला मिर्च, कटी हुई

2 बड़े टमाटर, कटे हुए

1 छोटा चम्मच लाल मिर्च पाउडर

1½ छोटा चम्मच चाट मसाला

तेल, शैलो-फ्राय करने के लिए

4 छोटे चम्मच मक्खन

लाल चटनी

½ कप भुनी हुई चना दाल

7-8 लहसुन की कलियाँ

5-6 सूखी लाल मिर्चें

1 बड़ा चम्मच नींबू का रस

नमक स्वादानुसार

½ छोटा चम्मच भूने हुए जीरे का पाउडर

विधि

- लाल चटनी की सारी सामग्री को एक साथ पीसकर चिकनी पेस्ट बना लें.
- एक नॉन-स्टिक तवा गरम करें. इस पर एक कड़छुल डोसे का घोल डालें और कड़छुल के पिछले भाग से फैलाते हुए एक मध्यम आकार का डोसा बना लें.
- डोसे के चारों ओर आधा छोटा चम्मच तेल छोड़ें. इसे धीमी आंच पर लगभग आधे मिनट तक पकने दें.
- डोसे पर थोड़ी सी लाल चटनी डालें और अच्छी तरह फैला दें. डोसे के बीच में थोड़ी मसाला आलू भाजी, प्याज़, शिमला मिर्च और टमाटर डालें.
- लाल मिर्च पाउडर और चाट मसाला छिड़ककर आलू के मिश्रण को हल्के हाथों से मिला लें.
- एक छोटा चम्मच मक्खन डालें और फिर पोटेटो मेशर से हल्के से मिश्रण को फिर से मिला लें.
- इस बात का ध्यान रखें कि मिलाते समय डोसा टूटे नहीं. मिश्रण को पूरे डोसे पर फैला दें.
- डोसे को धीमी आँच पर उसकी निचली सतह सुनहरी और कुरकुरी होने तक पकने दें.

- अब धीरे से उसे मोड़ें और सर्विंग प्लेट में निकाल लें.
- इसके टुकड़े करें और गरमागरम परोसें.

मसाला आलू भाजी

सामग्री

4 मध्यम आकार के आलू, उबालकर, छीलकर चौकोर टुकड़े किए हुए

1 बड़ा चम्मच तेल

½ छोटा चम्मच राई

2 छोटे चम्मच धुली उड़द की दाल

¼ छोटा चम्मच हींग

4 हरी मिर्चें, कटी हुई

10–12 कढ़ीपत्ते

2 मध्यम आकार के प्याज़, पतली फाँकें की हुई

1 इंच अदरक, कद्दूकस किया हुआ

¼ छोटा चम्मच हल्दी

1 बड़ा चम्मच नींबू का रस

नमक स्वादानुसार

विधि

- एक नॉन-स्टिक पैन में तेल गरम करें. इसमें राई डालें. जब राई तड़कने लगे तब उसमें उड़द की दाल, हींग, हरी मिर्चें और कढ़ीपत्ते डालें.
- प्याज़ डालें और नरम होने तक भूनें. आलू, अदरक, हल्दी, नींबू का रस और स्वादानुसार नमक डालें.
- अच्छी तरह मिलाएं और फिर आंच पर से उतार लें.

मिक्स्ड फ्लॉर अनियन चीला

सामग्री

2 कप चावल का आटा

¼ कप गेहूँ का आटा

2-3 हरे प्याज़, कटे हुए

6-7 हरे प्याज़ की पत्तियाँ, कटी हुई

¾ छोटा चम्मच अदरक पेस्ट

2 हरी मिर्चें, कटी हुई

¾ छोटा चम्मच जीरा

नमक स्वादानुसार

तेल, शैलो-फ्राय करने के लिए

विधि

- एक बड़े बाउल में चावल के आटे और गेहूँ के आटे को मिला लें. पर्याप्त पानी डालकर उंडेला जा सके इतना पतला घोल बना लें.
- इसे आधे घंटे तक ऐसे ही रहने दें. फिर इसमें हरा प्याज़, हरे प्याज़ की पत्तियाँ, अदरक पेस्ट, हरी मिर्चें, जीरा और स्वादानुसार नमक डालकर अच्छी तरह मिला लें.
- एक नॉन-स्टिक तवा गरम करें. इस पर थोड़ा सा तेल लगाएं. जब यह मध्यम गरम हो जाए तब इसे एक साफ कपड़े से पोंछ लें. नॉन-स्टिक तवे पर एक कड़छुल घोल डालें. कड़छुल की पिछली सतह से घोल को फैलाकर उसका जितना हो सके उतना पतला गोल बना लें.

- कुछ देर तक पकाएं और फिर पलट दें. चीले के चारों ओर एक छोटा चम्मच तेल डालें. चीले को दोनों तरफ से सुनहरा भूरा होने तक पकाएं.
- चटनी या टोमैटो केचप के साथ गरमागरम चीले परोसें.

हरियाली टिक्की विद छोले

सामग्री

टिक्की

500 ग्राम पालक, ब्लांच करके काटा हुआ

4 मध्यम आकार के आलू, उबालकर, छीलकर मसले हुए

½ छोटा चम्मच लाल मिर्च पाउडर

½ छोटा चम्मच भुने हुए जीरे का पाउडर

2 बड़े चम्मच कॉर्नफ्लॉर

नमक स्वादानुसार

4 छोटे चम्मच तेल

छोले

1 कप काबुली चने, भिगोए हुए

1 बड़ा प्याज़, कटा हुआ

3-4 हरी मिर्चें

1 बड़ा चम्मच धनिया पाउडर

1 छोटा चम्मच लाल मिर्च पाउडर

½ छोटा चम्मच हल्दी

1 छोटा चम्मच गरम मसाला

1 बड़ा चम्मच तेल

1 मध्यम आकार का टमाटर, कटा हुआ

नमक स्वादानुसार

परोसने के लिए

1 मध्यम आकार का प्याज़, कटा हुआ

1 मध्यम आकार का टमाटर, कटा हुआ

1 बड़ा चम्मच कटा हुआ ताज़ा हरा धनिया

विधि

- टिक्की बनाने के लिए एक बड़े बाउल में पालक, आलू, लाल मिर्च पाउडर, जीरा पाउडर, कॉर्नफ्लॉर और नमक को मिला लें. इसके आठ बराबर भाग कर लें और इनकी गोल टिक्कियाँ बना लें.
- एक नॉन-स्टिक तवे को मध्यम आंच पर गरम करें. एक छोटा चम्मच तेल डालें और गरम होने पर इस पर चार टिक्कियाँ रख दें. निचली सतह सुनहरी भूरी होने तक टिक्कियों को शैलो-फ्राय करें.
- फिर पलट दें और टिक्कियों के चारों ओर एक छोटा चम्मच तेल छोड़ें. दोनों तरफ से समान रूप से भूरी होने तक इन्हें शैलो-फ्राय करें. निकालकर तेल सोखने वाले कागज़ पर रखें.
- छोले बनाने के लिए सबसे पहले काबुली चनों को प्रेशर कुकर में पर्याप्त पानी में गलकर

नरम हो जाने तक पकाएं; निथारें और पानी सँभालकर रखें.

- प्याज़, हरी मिर्चें, धनिया पाउडर, लाल मिर्च पाउडर, हल्दी और गरम मसाले को एक साथ पीस लें.
- एक नॉन-स्टिक कड़ाही में मध्यम आंच पर तेल गरम करें. इसमें पीसी हुई पेस्ट डालें और पाँच से आठ मिनट तक या अच्छी तरह भूरी हो जाने तक भूनें.
- टमाटर और नमक डालकर अच्छी तरह मिलाएं और तेल छूटने तक पकाएं. काबुली चने डालें और लगभग पाँच मिनट तक पकाएं. सँभालकर रखे हुए काबुली चने के पानी में से एक कप पानी डालें.
- अच्छी तरह मिलाएं और दो-तीन मिनट तक उबलने दें. आंच पर से उतार लें.
- सर्व करते वक्त टिक्कियों को पहले प्लेट में जमाएं. उन पर छोले डालें. फिर प्याज़, टमाटर और कटा हुआ हरा धनिया डालें.
- गरमागरम सर्व करें.

हरियाली टिक्की विद छोले

तंदूरी सब्ज़ शाश्लिक

सामग्री

200 ग्राम अनन्नास, 1½ इंच के चौकोर टुकड़ों में कटा हुआ

2 मध्यम आकार की हरी शिमला मिर्च, 1½ इंच के टुकड़ों में कटी हुई

2 मध्यम आकार के प्याज़, 1½ इंच के टुकड़ों में कटे हुए

2 मध्यम आकार के टमाटर, बीज निकालकर 1½ इंच के टुकड़ों में कटे हुए

नमक स्वादानुसार

2 छोटे चम्मच लाल मिर्च पाउडर

1½ छोटे चम्मच कसूरी मेथी का पाउडर

2 छोटे चम्मच गरम मसाला

1 छोटा चम्मच चाट मसाला

2 बड़े चम्मच सिरका (विनेगर)

1 बड़ा चम्मच तेल

तंदूरी सब्ज़ शाश्लिक

विधि

- एक बाउल में नमक, लाल मिर्च पाउडर, कसूरी मेथी का पाउडर, गरम मसाला, चाट मसाला, विनेगर और तेल मिला लें.
- इसमें अनन्नास, शिमला मिर्च, प्याज़ और टमाटर डालकर अच्छी तरह मिला लें. इसे एक घंटे तक मैरिनेट होने के लिए अलग रख दें.

- टूथपिक्स लेकर उनमें क्रमशः अनन्नास, शिमला मिर्च, प्याज़ और टमाटर के टुकड़ों को एक के बाद एक पिरोएं. बचा हुआ मैरिनेड इन पर डाल दें.
- एक नॉन-स्टिक तवा गरम करें. टूथपिक्स को तवे पर रखें और मध्यम आंच पर इन्हें पकने दें. थोड़ी-थोड़ी देर में इन्हें पलटते रहें ताकि सारी सब्ज़ियाँ सभी तरफ से एक समान रूप से पक जाएं. सब्ज़ियों को उनका रंग बदलने तक पकाएं.
- सलाद और चटनी के साथ इन्हें गरमागरम सर्व करें.

भाजणी थालीपीठ

सामग्री

3 कप भाजणी का आटा (पृष्ठ क्र. 61)

1 मध्यम आकार का प्याज़, कटा हुआ

नमक स्वादानुसार

½ छोटा चम्मच हल्दी

9 छोटे चम्मच तेल

विधि

- एक बड़े बाउल में भाजणी का आटा लें. इसमें प्याज़, नमक, हल्दी और एक छोटा चम्मच तेल डालें.
- थोड़ा-थोड़ा करते हुए पानी डालते जाएं और नरम आटा गूँध लें.

- साने हुए आटे के आठ बराबर भाग कर लें. प्लास्टिक की मोटी शीट या पानी लगाए हुए केले के पत्ते पर एक-एक भाग रखकर हथेली से दबाते हुए इसकी पाव इंच मोटी और चार से पाँच इंच गोल पूरी बना लें.
- एक नॉन-स्टिक तवा गरम करें. इस पर आधा छोटा चम्मच तेल फैलाएं. अब सावधानीपूर्वक थालीपीठ को इस पर डालें. थालीपीठ की किनार पर आधा छोटा चम्मच तेल डालें. धीमी आँच पर एक मिनट तक पकाएं.
- थालीपीठ को पलट दें और दूसरी तरफ से भी एक मिनट तक या कुरकुरे और सुनहरे भूरे होने तक पकने दें. मक्खन या दही के साथ गरमागरम परोसें.

भाजणी का आटा

सामग्री

1 कप गेहूँ

1 कप चावल

2 कप ज्वार

2 कप बाजरा

$3/4$ कप काले चने

$3/4$ कप धुली उड़द दाल

$1/2$ कप धनिया

विधि

- प्रत्येक सामग्री को अलग-अलग सेंक लें. ठंडा करें और फिर एक साथ पीसकर बारीक पाउडर बना लें.
- भाजणी का आटा एक महीने तक खराब नहीं होता.

सांजोरी

सामग्री

ऊपरी खोल

1½ कप मैदा

चुटकी भर नमक

3 बड़े चम्मच तेल

देसी घी, आवश्यकतानुसार

भरावन

1 कप बारीक रवा

2 छोटे चम्मच घी

1½ कप शक्कर

¾ कप दूध

½ छोटा चम्मच छोटी इलायची का पाउडर

विधि

- मैदे में नमक मिला लें. तेल और पर्याप्त पानी डालकर नरम आटा गूँध लें.
- इसे गीले कपड़े से ढककर कम से कम एक से दो घंटे तक ऐसे ही रहने दें.
- भरावन बनाने के लिए एक नॉन-स्टिक कड़ाही में घी गरम करें. इसमें रवे को हल्का सा भून लें. शक्कर डालें और अच्छी तरह मिलाएं.
- पौन कप पानी में दूध मिलाएं और फिर इसे रवे के मिश्रण में मिला दें.
- इसे लगातार चलाते रहें. जब नमी उड़ जाए और मिश्रण सूखकर नरम गोले जैसा बन जाए तब पकाना बंद कर दें.

- कड़ाही को आंच पर से उतार लें और फिर मिश्रण में इलायची पाउडर डालकर अच्छी तरह मिला लें.
- इसे ठंडा होने के लिए एक तरफ रख दें. ठंडा होने के बाद इसके नींबू जितने गोले बना लें. साने हुए आटे की समान संख्या में लोइयाँ बना लें.
- हथेलियों पर थोड़ी सी चिकनाई लगाएं और लोई लेकर उसे थोड़ा चपटा कर लें. इस पर रवे के मिश्रण का एक गोला रखें और किनारों को मिलाते हुए फिर से लोई का आकार दे दें.
- थोड़ा चपटा करें और जितना हो सके उतना पतला बेल लें. यदि आवश्यक हो तो चकले या किचन प्लेटफॉर्म पर थोड़ा पलेथन छिड़क लें.
- एक नॉन-स्टिक तवा गरम करें और मध्यम आंच पर सांजोरी को सूखा ही सेंक लें. जब सांजोरी के दोनों तरफ हल्के भूरे धब्बे दिखने लगे तब उसे तवे पर से उतार लें.
- घी के साथ गरमागरम सांजोरी परोसें.

स्पाइसी राजमा पराँठा

सामग्री

⅓ कप राजमा

1 कप गेहूँ का आटा

2 बड़े चम्मच सोयाबीन का आटा

1 छोटा चम्मच लाल मिर्च पाउडर

3-4 हरी मिर्चें, बारीक कटी हुई

½ छोटा चम्मच अनार दाने का पाउडर

8-10 पुदीने की पत्तियाँ, बारीक कटी हुई

2 बड़े चम्मच टोमैटो प्यूरी

नमक स्वादानुसार

2 छोटे चम्मच तेल

विधि

- राजमा को रातभर या कम से कम छह घंटे तक भिगोकर रखें. नमक वाले पानी में इसे गलकर नरम हो जाने तक प्रेशर कुक करें.
- निथारें, ठंडा होने दें और फिर अच्छी तरह मसल लें. राजमा के पानी को सँभालकर रखें.
- एक बड़ा बाउल लेकर उसमें गेहूँ का आटा, सोयाबीन का आटा, मसले हुए राजमा, लाल मिर्च पाउडर, हरी मिर्चों, अनारदाने का पाउडर, कटे हुए पुदीने के पत्ते, टोमैटो प्यूरी और स्वादानुसार नमक को अच्छी तरह मिला लें.
- यदि आवश्यक हो तो सँभालकर रखा हुआ राजमा का पानी डालें और नरम व लचीला आटा गूँध लें.

- गीले कपड़े से ढक्कर इसे लगभग पंद्रह मिनट तक एक तरफ रख दें.
- इसके आठ से दस बराबर भाग कर लें और फिर इनकी लोइयाँ बना लें.
- प्रत्येक लोई को बेलकर उसका पाँच से छह इंच का गोल पराँठा बना लें.
- नॉन-स्टिक तवे पर थोड़ा सा तेल लगाएं और उस पर पराँठा डालें.
- पराँठे को मध्यम आँच पर दोनों तरफ से आधे-आधे मिनट तक सेंकें.
- आँच कम कर दें और पराँठे को दोनों तरफ से हल्का भूरा होने तक सेंकें. ताज़े दही के साथ गरमागरम पराँठा परोसें.

चीज़ी स्पिनेच केसेदिया

सामग्री

¼ कप कद्दूकस किया हुआ प्रोसेस्ड चीज़

700 ग्राम पालक, ब्लांच करके काटा हुआ

1½ कप गेहूँ का आटा

नमक स्वादानुसार

2 बड़े चम्मच + 5 छोटे चम्मच तेल

2 लहसुन की कलियाँ, कटी हुई

2 हरी मिर्चें, बारीक कटी हुई

½ छोटा चम्मच गरम मसाला

विधि

- गेहूँ के आटे में नमक और दो बड़े चम्मच तेल मिलाएं. पर्याप्त पानी डालकर नरम आटा गूँध लें.
- इसके चार बराबर भाग कर लें. प्रत्येक भाग को बेलकर उसकी पतली रोटी बना लें. एक नॉन-स्टिक तवा गरम करें. प्रत्येक रोटी हल्की सी सेंक लें और अलग रख दें.
- भरावन बनाने के लिए एक नॉन-स्टिक पैन में एक छोटा चम्मच तेल गरम करें.
- लहसुन डालें और एक मिनट तक भूनें. पालक, हरी मिर्चें, नमक और गरम मसाला डालकर अच्छी तरह मिला लें.
- नॉन-स्टिक तवा गरम करें. इस पर एक रोटी रखें और उसे गरम कर लें. फिर रोटी पर पालक का आधा भरावन रखें और फैला दें. आधा चीज़ फैलाकर डाल दें. अब इस पर दूसरी रोटी रखें.
- रोटी के चारों ओर एक छोटा चम्मच तेल डालें. कुछ मिनट तक पकने दें. पलटें और फिर से एक छोटा चम्मच तेल छोड़ें.
- रोटियों को दोनों तरफ से समान रूप से सुनहरी-भूरी और कुरकुरी होने तक पकाएं.
- इन्हें तिकाने टुकड़ों में काटें और गरमागरम सर्व करें.

धनिया पुदीना पराँठा

सामग्री

¼ कप बारीक कटा हुआ ताज़ा हरा धनिया

¼ कप बारीक कटा हुआ ताज़ा पुदीना

2 कप गेहूँ का आटा

नमक स्वादानुसार

½ कप दही

2 छोटे चम्मच चाट मसाला

विधि

- एक बड़े बाउल में आटा लें. उसमें नमक, हरा धनिया और पुदीना डालें. थोड़ा सा पानी डालकर नरम आटा गूँध लें. साने हुए आटे को बीस से पच्चीस मिनट तक ढककर रखें.
- साने हुए आटे के आठ बराबर भाग कर लें. इनकी लोइयाँ बना लें. दही में चाट मसाला डालें और अच्छी तरह मिला लें.
- लोई को बेलकर उसकी मध्यम आकार की रोटी बना लें. बेली हुई रोटी पर एक बड़ा चम्मच दही का मिश्रण डालकर फैला दें.
- रोटी को पंखे के आकार में मोड़ें. फिर उसे गोलाई में मोड़ते हुए छोटी कुंडली बना लें. इसे पाँच मिनट तक एक तरफ रख दें.

- फिर इसे बेलकर पाँच से सात इंच का गोल पराँठा बना लें.
- इसे गरम नॉन-स्टिक तवे पर दोनों तरफ से हल्का सुनहरा भूरा होने तक सेंकें.
- परोसते वक्त पराँठे को अपनी हथेलियों के बीच में रखकर हल्के से दबाएं ताकि उसकी सारी परतें खुल जाएं.

शेफ़ का सुझाव

यदि आप तंदूर में धनिया पुदीना पराँठा बना रहे हों तो पराँठे के उस तरफ जिसे तंदूर के दीवार पर चिपका रहे हो उस पर थोड़ा पानी लगाएं और फिर उसे तंदूर की दीवार पर चिपका दें.

वरक़ी पराँठा

सामग्री

4 कप मैदा

1 कप दूध

2½ छोटे चम्मच शक्कर

नमक स्वादानुसार

¾ कप देसी घी + शैलो-फ्राय करने के लिए

विधि

- दूध को कुनकुना गरम करें और फिर उसमें शक्कर घोल लें.
- मैदे में नमक डालकर उसे छान लें. मैदे के ढेर के बीच में एक गड्ढा करें. इसमें दूध और लगभग आधा कप पानी डालें.
- इसे धीरे-धीरे मैदे में मिलाएं और नरम आटा गूँध लें. गीले कपड़े से ढककर इसे दस मिनट के लिए एक तरफ रख दें.
- घी पिघलाएं और इसका दो तिहाई हिस्सा आटे में डाल दें. इसे धीरे-धीरे साने हुए आटे में अच्छी तरह मिला दें. तैयार आटे को ढककर दस मिनट के लिए एक तरफ रख दें.
- समतल सतह पर थोड़ा सा पलेथन छिड़कें और उस पर साना हुअ आटा रखें. बेलन से इसे आयत के आकार में बेल लें.
- इस बेले हुए आयत पर बचे हुए घी का एक चौथाई हिस्सा लगा दें. फिर उस पर थोड़ा पलेथन छिड़कें. आयत की एक किनार को

उठाएं और उसे आयत के दो-तिहाई हिस्से तक मोड़ लें. फिर सामने की किनार उठाकर उसे पहले मोड़े हुए हिस्से पर रखें इस प्रकार आयत की तीन परतें बन जाएंगी.

- इसे ढककर दस मिनट के लिए फ्रिज़ में रख दें. यह प्रक्रिया तीन बार दोहराएं. उसके बाद आटे को बेलकर उसका ⅛ इंच मोटा आयत बेल लें और कटर की सहायता से इसमें से चार इंच के गोल काट लें.
- प्रत्येक पराँठे के ऊपर समान अंतराल पर धन के आकार में चीरे लगाएं. इन पराँठों को ग्रीसप्रूफ पेपर पर रखकर फ्रिज़ में रख दें. जब आपको पराँठे सेकने हों तभी उन्हें फ्रिज़ में से निकालें.
- एक नॉन-स्टिक तवा गरम करें और उस पर घी डालें. तवे पर पराँठे को धीमी आँच पर दोनों तरफ से सुनहरा भूरा होने तक सेंकें.
- तुरंत सर्व करें.

शेफ़ का सुझाव

"आप पराँठों को जितनी ज्यादा देर फ्रिज़ में रखेंगे, पराँठे उतने ही हल्के बनेंगे. पर पराँठों को आठ घंटे से ज़्यादा देर तक फ्रिज़ में न रखें."

बेबी बाजरा रोटी

सामग्री

2 कप बाजरे का आटा

नमक स्वादानुसार

4 बड़े चम्मच सादा मक्खन (ऐच्छिक)

विधि

- पैन में दो से तीन कप पानी को कुनकुना होने तक गरम करें.
- आधा कप बाजरे के आटे में स्वादानुसार नमक डालें. आवश्यकतानुसार कुनकुना पानी डालकर थोड़ा कड़ा आटा गूँध लें. इसकी लोई बना लें.
- हथेलियों को गीला करें और लोई को हथेलियों के बीच रखकर दबाते हुए इसकी रोटी बना लें.
- नॉन-स्टिक तवे को मध्यम आंच पर गरम करें. इस पर रोटी डालें.
- रोटी को निचली तरफ से पकने दें फिर पलट दें. रोटी को फूलने तक पकाएं.
- आंच पर से उतारें और सादे मक्खन के साथ गरमागरम रोटी परोसें.
- इसी तरह से बाकी बचे हुए आटे से रोटियाँ बना लें.

तिकाड़िया

सामग्री

1½ कप गेहूँ का आटा

नमक स्वादानुसार

4 बड़े चम्मच देसी घी + परोसने के लिए

1 छोटा चम्मच भुना हुआ जीरा

½ छोटा चम्मच लाल मिर्च पाउडर

1 मध्यम आकार का प्याज़, कटा हुआ

½ मध्यम आकार का टमाटर, कटा हुआ

2 छोटे चम्मच कटा हुआ ताजा हरा धनिया

विधि

- एक बड़ा बाउल लेकर उसमें गेहूँ के आटे, नमक और दो बड़े चम्मच घी को अच्छी तरह मिला लें. पर्याप्त पानी डालकर नरम आटा गूँध लें. साने हुए आटे के चार बराबर भाग कर लें.
- एक बाउल में जीरा, लाल मिर्च पाउडर, प्याज़, टमाटर और कटे हुए हरे धनिये को मिला लें.
- मिश्रण के चार बराबर भाग कर लें. साने हुए आटे के प्रत्येक भाग को बेलकर उसकी तीन इंच मोटी पूरी बेल लें. इस पर थोड़ा सा घी लगाएं.
- पूरी के बीच में प्याज़ और टमाटर के मिश्रण का एक भाग रखें. इस पर थोड़ा सा नमक छिड़कें.

- किनारों को मिलाएं और बंद कर दें. दबाएं और हल्के हाथों से बेलते हुए मोटी रोटी बना लें.
- एक नॉन-स्टिक तवा गरम करें और उस पर यह रोटी डालें.
- मध्यम आंच पर रोटी को दोनों तरफ से सुनहरी भूरी होने तक सेंकें.
- गरमागरम रोटी पर घी डालें और तुरंत परोसें.

स्टर-फ्राइड वेजिटेबल रेप्स

सामग्री

4 राइस पेपर की शीट

1 छोटा चम्मच तेल

2 हरे प्याज़, कटे हुए

½ कप कटे हुए सिंघाड़े

½ इंच अदरक, एकदम बारीक काटा हुआ

2 बड़े चम्मच सोया सॉस

1 छोटा चम्मच रेड चिली सॉस

1 बड़ा चम्मच राइस विनेगर

½ कप अंकुरित मूँग (बीन स्प्राउट्स)

2 बड़े चम्मच प्लम (आलूबुखारे) का सॉस

विधि

- इस्तेमाल करने से पहले राइस पेपर को एक मिनट के लिए पानी में भिगो दें.
- नॉन-स्टिक वोक या कड़ाही में तेल गरम करें. इसमें हरे प्याज़ और सिंघाड़ों को दो मिनट तक मध्यम आँच पर भूनें.
- अदरक, सोया सॉस, चिली सॉस और राइस विनेगर डालें. दो मिनट तक और चलाएं. ध्यान रहें कि सब्जियाँ कुरकुरी रहें वो ज़्यादा न पक जाएं. बीन स्प्राउट डालें और एक दो मिनट और भूनें.
- तैयार मिश्रण के चार बराबर भाग कर लें और प्रत्येक भाग को राइस पेपर के बीच में रखें. इसका रोल बना लें. इसे प्लम सॉस के साथ तुरंत परोसें.

स्टर-फ्राइड वेजिटेबल रेप्स

तिल मूँगफली आलू

सामग्री

1 बड़ा चम्मच तिल

2 बड़े चम्मच मूँगफली, दरदरी पीसी हुई

750 ग्राम छोटे आलू

नमक स्वादानुसार

1½ बड़े चम्मच तेल

1 छोटा चम्मच जीरा पाउडर

4 हरी मिर्चें, कटी हुई

1 इंच अदरक, कटी हुई

1 बड़ा चम्मच लहसुन पेस्ट

1 छोटा चम्मच भुने हुए जीरे का पाउडर

1 छोटा चम्मच लाल निर्च पाउडर

1½ बड़ा चम्मच कद्दूकस किया हुआ नारियल

1 छोटा चम्मच गरम मसाला

2 छोटे चम्मच नींबू का रस

2 बड़े चम्मच कटा हुआ ताज़ा हरा धनिया

विधि

- एक गहरे नॉन-स्टिक पैन में नमक वाले पानी में आलुओं को छिलके सहित आधे पकने तक उबाल लें. निकालकर अलग रख दें. इन्हें हल्का सा दबाकर चपटा कर लें.
- मध्यम आंच पर एक नॉन-स्टिक कड़ाही में तेल गरम करें. इसमें जीरा, हरी मिर्चें और अदरक डालें.

- जब जीरे का रंग बदलने लगे तब उसमें लहसुन की पेस्ट डालें और दो या तीन मिनट तक चलाएं.
- आलू डालें और अच्छी तरह उछालते हुए मिला लें. तिल, मूँगफली, जीरा पाउडर, लाल मिर्च पाउडर, नारियल और गरम मसाला डालें. चखकर नमक स्वादानुसार कर लें.
- लगातार उछालते हुए इसे लगभग पाँच मिनट तक पकाएं. नींबू का रस डालें. ताज़े हरे धनिये से सजाकर गरमागरम सर्व करें.

ढाबे की सब्जियाँ

सामग्री

10–12 गोभी के छोटे फूल

2 मध्यम आकार के आलू, उबालकर 1 इंच के चौकोर टुकड़े किए हुए

½ कप छीले हुए हरी मटर के दाने

½ छोटा चम्मच हल्दी

3 बड़े चम्मच तेल

½ छोटा चम्मच जीरा

5–6 लहसुन की कलियाँ, कद्दूकस की हुई

2 मध्यम आकार के प्याज़, कद्दूकस किए हुए

2 मध्यम आकार के टमाटर, कद्दूकस किए हुए

1½ छोटे चम्मच कद्दूकस किया हुआ अदरक

2 छोटे चम्मच धनिया पाउडर

½ छोटा चम्मच भुने हुए जीरे का पाउडर

1½ छोटे चम्मच लाल मिर्च पाउडर

2 बड़े चम्मच कटा हुआ ताज़ा हरा धनिया

नमक स्वादानुसार

1 छोटा चम्मच गरम मसाला

दाल फ्राय

1 कप तुवर दाल

1 छोटा चम्मच मक्खन

½ छोटा चम्मच जीरा

½ छोटा चम्मच लाल मिर्च पाउडर

5-6 लहसुन की कलियाँ, कद्दूकस की हुई

विधि

- एक नॉन-स्टिक पैन में एक कप पानी और पाव छोटा चम्मच हल्दी डालें और उसमें फूल गोभी के टुकड़ों को दो से तीन मिनट तक उबालें. निथारकर एक तरफ रख दें.
- मटर के दानों को एक नॉन-स्टिक पैन में एक कप पानी में उबाल लें.
- निथारें और फिर ठंडे पानी में डालकर निकाल लें. इसे अलग रख दें.
- एक नॉन-स्टिक कड़ाही में दो बड़े चम्मच तेल गरम करें.
- इसमें उबाले हुए फूलगोभी के टुकड़ों और आलू के टुकड़ों को सुनहरा भूरा होने तक भूनें.

निकालकर तेल सोखने वाले कागज़ पर रखें. इसे भी एक तरफ रख दें.

- इसी नॉन-स्टिक कड़ाही में और एक बड़ा चम्मच तेल डालें. इसमें जीरा डालें.
- जब जीरे का रंग बदलने लगे तब इसमें लहसुन डालें और उसे भूरी होने तक भूनें.
- प्याज़ डालें और भूरा होने तक भूनें. टमाटर, अदरक, बची हुई हल्दी, धनिया पाउडर, भूने हुए जीरे का पाउडर और लाल मिर्च पाउडर डालें. तेल ऊपरी सतह पर आने तक इसे भूनें. आंच पर से उतारकर अलग रख दें.
- दाल-फ्राय बनाने के लिए पहले तुवर दाल को दो कप पानी में लगभग आधे घंटे तक भिगोकर रखें.
- निथारें और फिर तीन कप पानी में इसे नरम होकर गलने तक पकाएं.
- नॉन-स्टिक पैन में मक्खन गरम करें. इसमें जीरा, लाल मिर्च पाउडर, लहसुन और तैयार की हुई आधी ग्रेवी डाल दें.
- अच्छी तरह मिलाएं और फिर इसमें पकायी हुई दाल और नमक डालें. एक उबाल आने दें. फिर दो से तीन मिनट तक धीमी आंच पर उबलने दें.
- कटा हुआ आधा हरा धनिया डालें. बची हुई ग्रेवी में उबाले हुए मटर और भूने हुए आलू और गोभी के टुकड़े डालें.
- अच्छी तरह मिलाएं और धीमी आंच पर दो से तीन मिनट तक पकाएं. बचा हुआ हरा धनिया डालें.
- गरम मसाला छिड़कें और तुरंत परोसें.

सब्ज़ लाजवाब

सामग्री

15-18 फ्रेंच बीन, ½ इंच के टुकड़ों में कटी हुई

3 मध्यम आकार की गाजर, ½ इंच के टुकड़ों में कटी हुई

2 मध्यम आकार की हरी शिमला मिर्च, ½ इंच के टुकड़ों में कटी हुई

¼ मध्यम आकार की फूलगोभी, छोटे फूल अलग किए हुए

3 मध्यम आकार के आलू, उबालकर, ½ इंच के टुकड़ों में कटे हुए

2 छोटे चम्मच तेल

1 तेजपत्ता

¾ कप उबले हुए प्याज़ की पेस्ट

2 हरी मिर्चें, बीच में से लंबी चीरी हुई

2 छोटे चम्मच धनिया पाउडर

नमक स्वादानुसार

2 छोटे चम्मच लाल मिर्च पाउडर

3 बड़े चम्मच टोमैटो प्यूरी

½ छोटा चम्मच छोटी इलायची का पाउडर

विधि

- एक नॉन-स्टिक कड़ाही में तेल गरम करें और उसमें तेजपत्ता डालें.
- जब उसका रंग बदलने लगे तब उसमें प्याज़ की पेस्ट डालें. धीमी आंच पर तेल अलग होने तक भूनें. पेस्ट को भूरी न होने दें.
- हरी मिर्चें, धनिया पाउडर, नमक और लाल मिर्च पाउडर डालकर दो मिनट तक भूनें.
- टोमैटो प्यूरी डालकर और तीन से चार मिनट तक पकाएं. फ्रेंच बीन, गाजर, शिमला मिर्च, गोभी और आलू डालें.
- ढककर धीमी आंच पर लगभग आठ से दस मिनट तक या अच्छी तरह पककर नरम हो जाने तक पकाएं.
- इलायची पाउडर डालकर मिलाएं और गरमागरम सर्व करें.

स्टर-फ्राइड मेडली

सामग्री

150 ग्राम ज़्यादा सख्त तोफू, ½ इंच के चौकोर टुकड़ों में कटा हुआ

4–5 ब्रोकोली के छोटे फूल

1 बड़ा चम्मच सेलेरी की फाँकें

1 मध्यम आकार की हरी शिमला मिर्च, फाँकें की हुई

½ मध्यम आकार की लाल शिमला मिर्च, फाँकें की हुई

1 लीक, फाँकें की हुई

3–4 ताज़े बटन मशरूम्स, फाँकें किए हुए

2 लहसुन की कलियाँ

¼ इंच अदरक

¾ बड़े चम्मच तेल

2 बड़े चम्मच भुनी हुई मूँगफली, दरदरी पीसी हुई

1 बड़ा चम्मच सोया सॉस

1 बड़ा चम्मच टोमैटो सॉस

थोड़ा सा रेड चिली सॉस

1½ छोटे चम्मच नींबू का रस

1½ छोटे चम्मच कॉर्नफ्लॉर

½ कप ताज़ा अनन्नास के छोटे टुकड़े

विधि

- लहसुन और अदरक को पीसकर उसकी पेस्ट बना लें. एक नॉन-स्टिक कड़ाही में तेल गरम करें और उसमें अदरक-लहसुन की पेस्ट और तोफू को हल्का भूरा होने तक भूनें. निकालकर अलग रख दें.
- इसी कड़ाही में ब्रोकोली, सेलरी, शिमला मिर्च, लीक, मशरूम और मूँगफली डालें.
- सब्ज़ियों को नरम होने तक भूनें पर इस बात का ध्यान रखें की वो कुरकुरी बनी रहें.
- सोया सॉस, टोमैटो सॉस, चिली सॉस, नींबू के रस और कॉर्नफ्लॉर को एक बाउल में मिला लें. फिर इस मिश्रण को पैन में डालें और लगातार चलाते हुए अच्छी तरह मिक्स हो जाने तक पकाएं.
- तोफू और अनन्नास के टुकड़े डालें और हल्के हाथों से मिला लें. उबले हुए चावलों के साथ इसे गरमागरम सर्व करें.

स्टर-फ्राइड मेडली

पनीर खुरचन

सामग्री

250 ग्राम पनीर, मोटी पट्टियों में कटा हुआ

1 बड़ा चम्मच तेल

1 छोटा चम्मच जीरा

2 छोटे चम्मच लहसुन पेस्ट

2 मध्यम आकार की हरी शिमला मिर्च, मोटी पट्टियों में कटी हुई

2 मध्यम आकार के टमाटर, बीज निकालकर मोटी पट्टियों में कटे हुए

2 मध्यम आकार के प्याज़, मोटी पट्टियों में कटे हुए

3 बड़े चम्मच टोमैटो प्यूरी

नमक स्वादानुसार

1 छोटा चम्मच लाल मिर्च पाउडर

1 छोटा चम्मच नींबू का रस

1 छोटा चम्मच कसूरी मेथी, चूरी हुई

विधि

- एक नॉन-स्टिक कड़ाही में तेल गरम करें. इसमें जीरा डालें.
- जब जीरे का रंग बदलने लगे तब उसमें लहसुन पेस्ट, शिमला मिर्च, टमाटर और प्याज़ डालकर मध्यम आंच पर पाँच से छह मिनट तक भूनें. पनीर के टुकड़े, टोमैटो प्यूरी, नमक और लाल मिर्च पाउडर डालें.

- इसे थोड़ी देर तक भूनें जब तक कि पनीर के टुकड़े कड़ाही से चिपकने न लगे.
- पनीर को कड़ाही की तली में से खुरच कर निकाल लें. पनीर को थोड़ी और देर तक भूनें जब तक की वह गहरा भूरा होकर अच्छी तरह मैश न हो जाए.
- फिर इसमें नींबू का रस और कसूरी मेथी मिलाएं. तुरंत सर्व करें.

बर्न्ट जिंजर राइस

सामग्री

4 इंच अदरक, पतली फाँकें किया हुआ

1 कप चावल

2 बड़े चम्मच तेल

1 छोटा प्याज़, बारीक कटा हुआ

1 बड़ा चम्मच सोया सॉस

½ बड़ा चम्मच टोमैटो सॉस

½ बड़ा चम्मच रेड चिली पेस्ट

¼ छोटा चम्मच MSG (ऐच्छिक)

नमक स्वादानुसार

2 बड़े चम्मच कटा हुआ ताज़ा हरा धनिया

1 छोटा चम्मच सिरका (विनेगर)

विधि

- पाँच कप पानी में चावलों को एक घंटे तक भिगोकर रखें. फिर इन्हें चार कप उबलते पानी में लगभग पकने तक पकाएं. निथारें और ठंडा होने के लिए फैलाकर अलग रख दें.
- नॉन-स्टिक वोक या कड़ाही में तेल गरम करें. इसमें अदरक डालें और दो से तीन मिनट तक या अदरक के भूरे हो जाने तक भूनें.
- निथारकर तेल सोखने वाले कागज़ पर रखें. डिश को सजाने के लिए अदरक के कुछ टुकड़ों को अलग रख दें और बाकी के टुकड़ों को बारीक काट लें.
- तेल को फिर से गरम करें. इसमें कटा हुआ अदरक और प्याज़ डालकर कुछ सेकंड तक भूनें. अब इसमें पकाया हुआ चावल, सोया सॉस, टोमैटो सॉस, रेड चिली पेस्ट, MSG और स्वादानुसार नमक डालें.
- तेज़ आंच पर इसे लगभग एक मिनट तक पकाएं. इसे लगातार चलाते व उछालते रहें.
- फिर इसमें कटा हुआ हरा धनिया और विनेगर डालें. बचाकर रखे हुए अदरक के टुकड़ों से सजाएं और गरमागरम परोसें.

हक्का स्टाइल राइस नूडल्स

सामग्री

150 ग्राम राइस नूडल्स (चावल से बने नूडल्स)

नमक स्वादानुसार

2 बड़े चम्मच तेल

1 मध्यम आकार का प्याज़, फाँकें किया हुआ

1 छोटी गाजर, लंबी-पतली पट्टियों में कटी हुई

1 मध्यम आकार की हरी शिमला मिर्च, लंबी पतली पट्टियों में कटी हुई

6-8 फ्रेंच बीन, पतली पट्टियों में कटी हुई

¼ छोटी पत्तागोभी, बारीक कतरी हुई

1 बड़ा चम्मच लाइट सोया सॉस

¼ छोटा चम्मच MSG (ऐच्छिक)

¼ छोटा चम्मच सफेद मिर्च पाउडर

½ कप बीन स्प्राउट (अंकुरित मूँग)

1 हरे प्याज़ की पत्तियाँ, लंबी-पतली पट्टियों में कटी हुई

विधि

- एक गहरे नॉन-स्टिक पैन में छह कप पानी उबालें. इसमें एक बड़ा चम्मच तेल और थोड़ा सा नमक डालें.
- नूडल्स डालें और पैन को आंच पर से उतार लें. इसे ढककर लगभग तीन मिनट तक एक तरफ रख दें.

- नूडल्स को निथारें. ठंडे पानी में डालें और फिर से निथार लें. इन्हें एक बड़ी प्लेट में फैला दें ताकि ये ठंडे हो जाएं.
- एक नॉन-स्टिक वोक में बचा हुआ तेल गरम करें. प्याज़ डालें और दो मिनट तक भूनें.
- गाजर, हरी शिम्ला मिर्च, फ्रेंच बीन और पत्तागोभी डालकर और दो मिनट तक भूनें. इसे लगातार चलाते व उछालते रहें.
- नूडल्स, सोया सॉस, MSG, स्वादानुसार नमक और सफेद मिर्च पाउडर डालकर तेज़ आंच पर लगातार चलाते व उछालते हुए दो-तीन मिनट तक पकाएं. नूडल्स अच्छी तरह से गरम हो जाने चाहिए.
- बीन स्प्राउट डालें और अच्छी तरह मिलाएं. हरे प्याज़ की पत्तियों से सजाकर गरमागरम नूडल्स सर्व करें.

क्विक स्टर-फ्राइड नूडल्स

सामग्री

200 ग्राम एगलेस नूडल्स

नमक स्वादानुसार

2 बड़े चम्मच तेल

1 मध्यम आकार का प्याज़, फाँकें किया हुआ

1 मध्यम आकार की गाजर, पतली लंबी पट्टियों में कटी हुई

¼ मध्यम आकार की पत्तागोभी, कतरी हुई

1 मध्यम आकार की हरी शिमला मिर्च, पतली लंबी पट्टियों में कटी हुई

2 हरे प्याज़ की पत्तियाँ, तिरछी फाँकें की हुई

1½ बड़े चम्मच लाइट सोया सॉस

1 कप बीन स्प्राउट्स

1 छोटा चम्मच तिल का तेल

विधि

- एक गहरे नॉन-स्टिक पैन में छह से आठ कप पानी उबालें.
- इसमें थोड़ा नमक और एक बड़ा चम्मच तेल डालें. इस पानी में नूडल्स को लगभग पक जाने तक पका लें.
- निथारें और ठंडे पानी में डालें. ठंडे पानी में से निथार लें और फिर ठंडे होने के लिए एक प्लेट में फैला दें.
- एक नॉन-स्टिक वोक या कड़ाही में बचे हुए तेल को धुआँ उठने तक गरम करें.
- प्याज़ डालें और एक मिनट तक भूनें. गाजर, पत्तागोभी और हरी शिमला मिर्च डालकर दो से तीन मिनट तक भूनें.
- नूडल्स और नमक डालें. उछालते हुए और एक मिनट तक चलाएं.
- हरे प्याज़ की पत्तियाँ और सोया सॉस डालकर एक बार फिर से उछालते हुए मिला लें.
- नूडल्स को एक सर्विंग बाउल में निकाल लें. इसके ऊपर तिल का तेल डालें.
- तुरंत सर्व करें.

परिशिष्ट

- **हरे धनिये और पुदीने की चटनी :** 1 कप ताज़े हरे धनिये, ½ कप ताज़े पुदीने, 2–3 हरी मिर्चों, स्वादानुसार काला नमक, ¼ छोटा चम्मच शक्कर और एक बड़ा चम्मच नींबू का रस को आवश्यकता होने पर थोड़ा–सा पानी डालकर, चिकना होने तक पीस लें.

- **इमली का पल्प :** 75 ग्राम इमली को 100 मिली लीटर गरम पानी में 10–15 मिनट तक भिगोकर रखें. पीसकर चिकनी पेस्ट बना लें. फिर इसे छलनी से छान लें ताकि रेशे अलग हो जाएं. तैयार पल्प को हवाबंद डिब्बे में भरकर फ्रिज़ में रख दें.

- **वेजिटेबल स्टॉक :** 1 प्याज़, ½ मध्यम आकार की गाजर, 2–3 इंच सेलरी स्टॉक और 2–3 लहसुन की कलियों को छीलें, धोएं और काट लें. इन सबको एक पैन में डालें. पैन में 1 तेजपत्ता, 5–6 काली मिर्चें, 2–3 लौंग और पाँच कप पानी डालकर एक उबाल लाएं. आंच कम कर दें और धीमी आंच पर इसे 15 मिनट तक उबलने दें फिर छान लें. इसे ठंडा करें और फ्रिज में रख दें. आवश्यकतानुसार इस्तेमाल करें.

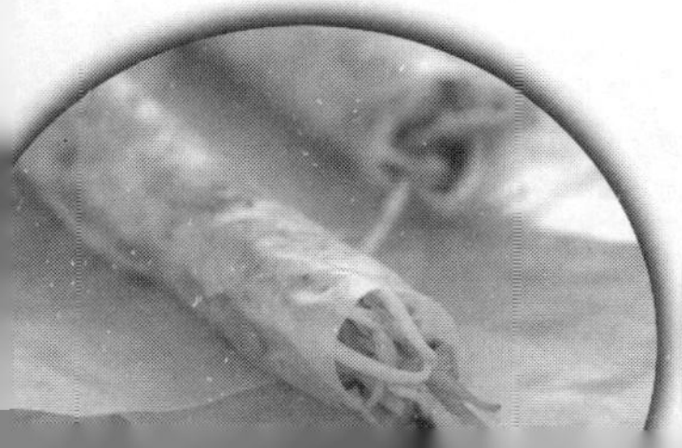

शब्दावली

ENGLISH	HINDI
Basil leaves	तुलसी की पत्तियाँ
Black Bengal gram	काले चने
Caraway seeds	शाही जीरा
Cardamoms, green	छोटी इलायची
Cinnamon	दालचीनी
Cottage cheese	पनीर
Dried fenugreek leaves	कसूरी मेथी
Dried ginger powder	सौंठ पाउडर
Fennel seeds	सौंफ
Gram, Bengal split	चना दाल
Gram, black skinless split	धुली उड़द दाल
Gram, black split	छिलके वाली उड़द दाल
Lotus roots	कमल ककड़ी/भें
Millet	बाजरा
Mushrooms	खुंब
Olive	जैतून
Pine nuts	चिलगोज़ा
Pomegranate seeds, dried	अनार दाना
Red kidney beans	राजमा
Vinegar	सिरका
Water chestnut	सिंघाड़ा